U0069409

自性的體悟

習禪點滴

邱秀雄 著

目錄

偉大的師父——我的師父　南懷瑾先生

師父少年學佛有成，精通儒釋道；中年遙遙從四川來台灣停留，整理中華文化；老年回到大陸弘揚中華文化。

時代的洪流幾乎將中華文化摧毀殆盡，在這中華文化即將斷滅之際，師父獨挽狂瀾，保存並發揚光大。

依中華歷史而言，古文保留中華文化的精髓。但是時代的變革中，這個時代古文幾乎消失，只有一些專門研究的學者外，大部分的人們沒辦法讀通古文，這意味著中華文化瀕臨式微的困境。但是就在這個時代，師父來到台灣，日夜苦思要怎麼樣保存並發揚中華文化。最後大家有目共睹並直接受惠的是中華文化的白話文化。

第一本轟動全球的是《論語別裁》，將現代人的思想觀念以白話文講解，把古文的真義如實托出，人人看得通並理解實意。從此以後就展開儒釋道精闢的白話講解並編印成書，把中華文化重現生機，並厚植弘揚中華文化的基礎。

師父的著作是大陸改革開放後，第一批從外地進大陸的書籍，這些書籍的輸入建立了中華文化的沙灘陣頭。隨著大陸經濟與社會的開放，師父白話文儒釋道的書籍也暢銷起來，深深影響了中華民族，弘揚了中華文化，實現了師父的願望，並成就了師父最在意的「為而無為」的心願，正如他一生崇高的理想，「不二門中有髮僧，聰明絕頂是無能，此身不上如來座，收捨河山亦要人」。

緣起

從小承慈母的啟蒙陪母親偶爾上寺院拜佛，自然心地裡流露了佛緣，就讀成功大學時，剛好學校附近有一座寺院專租給學生當宿舍，於是就租下住了二年的時光。這所寺院除了早晚課誦經外別無活動，因此常自問要如何修法？如何找到好的師父？

大學畢業後，服完兵役，考入大同公司，工作三年後轉入公司辦的大同工學院，期間暑假每年都參加日本工業設計的培訓班，三年後有機會由公司推薦赴日本千葉大學工業意匠系研修了一年，那年暑假由一位德高望重的小池教授組織一隊「設計哲理的探索」十人隊伍，從靜岡的內海廣島到裏日本的城樓、寺院，很特別的瀏覽了日本的古文化。

又暑假由公司的安排，到東芝株式會社意匠部實習了一個月。這年該會社也換了一位新社長——土光社長。本人也有幸陪大同公司林挺生董事長會見土光社長三次。據說土光社長每天早晨六點起床，唸誦佛經一小時，然後才上班。東芝會社擁有一千多位博士研究員，從事未來的開發。松下株式會社的松下社長供養一位佛學造詣高深的和尚，以佛學的精神與智慧來經營企業，新進員工必須經過兩週的「禪座」才開始工作。三光株式會社的社長則精研佛學等等。聽了這些事實驚訝不少。

日本能從第二次世界大戰的廢墟中快速發展起來，完全靠佛教的精神與智慧，佛教本來由印度傳到大陸，然後再東渡日本，只覺得我們沒有把握好佛教的精神和智慧，而形成台灣沒有品牌的工廠，而只是代工的工業，真可惜。

有一天同住過的室友鍾紹楨教授突然來電，告訴我他要去美國並同時介紹一位師父給我，要我當日下午到松山機場，當天一見到師父時，他仙風道骨、非凡的神采令我佩服良久，鍾先生在旁說：「他就是想找師父學佛的朋友。」師父於是手握住我、打量了我說：「好嗎？」一剎那，彷彿大局已定的樣子。

隔天我就到師父住的泰順街，也許時間不對師父不在家，再隔一天去仍是一樣，第三天終於見到師父，他第一句話便問我：「為什麼要學佛？」我回答：「我好像有很多智慧沒開拓出來，想去探索它。」這個答案好像被師父欣然接受了，還問了一些問題，這就是初次見面的經過。師父要我即刻去找夏荊山居士，之後就是與夏荊山居士的相處了，夏居士是一位畫家，又學禪學佛，看上去泱泱大度，還供俸一位胡公公，長於易經，也會命相術，可說是當代之最，連老師尊他為老師，並為我們上過河洛理術的課程。

夏居士除了禪坐好外，看相是專長，每次晚上去都有當時的一些大人物在給他看相。當然老師是讓他來照顧我的禪坐，真是遇上了高人。那時老師尚未正式開課，只是偶爾在師範大學工教系借場地講阿含經和老子等等。有一天夏居士打電話來要我們夫妻春節當天到老師家，於是懷著無比的驚喜，對於學佛一竅不通，卻能成為老師的徒弟，真是天大的幸運。春節一早，和太太直奔師父家，夏居士早已在場等候了，於是正式儀式開始，我倆跪拜三拜師父，師父也正式收為徒弟，此後進出師父家更加方便，但是師父身兼文化大學及輔仁大學的課程，家裡時常學生滿座，不易親近。

不久我辭去服務九年的大同公司，開始創業。時間多了但是相對壓力也大，老師亦在青田街開始了弘法大業，當時的助手有李淑君、朱文光、劉雨虹等等。老師的弘法事業相當不容易的展開，遷移了許多地方終於在信義路的復青大廈穩定下來。之後移居美國一年又回香港最後回到上海，至廟港創立大學堂。

身為徒弟的我，無法撐起老師弘法的大業，常常半夜痛哭，為何選擇了學佛這條路，卻一點沒有作為又不能護法的人。

也許老師早就看出怎麼樣的結局！

大德的記載

提到學佛，當頭就是那麼一句：「學佛者如牛毛，悟道者如麟角」但是依多年的學佛經驗，並不覺得是那麼一回事。不然，佛來世間，傳下不解的佛學，又有什麼用呢？佛學平實，有理，只是學習的人們，不依教行事，自作聰明，本來平易的心法，卻愈學愈難。佛說「自身是佛，本自具足」，人人都有可能做到。

且把先輩悟道的實例說說：

以心傳心，心心相印

靈山會上，世尊拈花示眾，眾皆默然，唯迦葉尊者，破顏微笑。

實相無相，無心可覓

禪宗二祖神光，斷臂求法，「我心未寧，乞師與安」。達摩祖師云，「將心來，與汝安」。神光覓心了不可得，遂得解脫。

心已自在

禪宗六祖聞客誦《金剛經》：「應無所住，而生其心」心即開悟。

依契機，以用顯體

唐朝臨濟宗開山祖師，臨濟義玄，多以大「喝」啟悟學人。

哪一個知道

唐朝德山宣鑑，遇僧到參，多以柱杖打，謂之「棒」。

觀音法門

唐朝香嚴智閑，博學強記，久不相應。一日山中芟除草木，以瓦礫擊竹作聲，失笑而悟。

原來如此

近代虛雲和尚，禪七中，護七沖開水，濺師手上，茶杯墮地，聞聲大悟。

從上述的例子，可見開悟一事，既簡易又平實。

怎樣悟入自性

一般稱第八意識為體〔自性〕，而第六意識為用。用乃體功能的發揮，若用不在用，亦即托空時，自然就在清淨自在的體了。因此不管用哪一種方法修行，只要做到分別妄想作用的第六意識托空，也就是現量境，就已經在自性的清淨自在中。當下體悟或過來人接引，當下能承擔自在無礙。或自性悟自體。

怎樣做到第六意識的現量

應如是住，如是降服其心。

就是這樣放鬆身，口，意這樣放下一切，把放的這一念也放下。這一放，就再也沒有過去、現在、未來，沒有身受，沒有時空，用已不在用，就是第六意識的現量境。

凡所有相皆是虛妄，若見諸相非相則見如來。

後天用慣了第六意識，明明是幻，卻捉得緊緊的；妄想成相，靜坐中腦海一幕幕的等無間緣纏綿。有相就在「用」中；放下一切，做到諸相非相，實相無相，自然在清淨的「體」。

無所得故，菩提薩埵。

本來無一物，放下這一念，切勿期待殊勝境界的出現。如有所得，就在用中。

體與用

佛在楞嚴經上說：「汝身汝心皆是妙明精妙心中所現物。」物理世間的各種現象與精神世界的各種作用，所發生心理、生理的事實都是真心自性本體所顯現出來的東西。自性本體的真心實相，靈妙光明而清虛，是萬有的根源。——恭錄自南懷瑾著《楞嚴經今釋》

依唯識學，真心實相、自性本體稱為第八阿賴耶識，即萬有之根即體；眼、耳、鼻、舌、身稱為第五意識；分別意識，稱為第六意識；與生俱來的我執、個性稱為第七末那識。

第五、六、七識仍第八識（體）先天所顯現的用（後天）。

修行就要在這個體用的關係上，找問題解決問題。簡單來說，就是要如何從後天的用找到先天的體。

接引

依大德記載的分析，要自性自悟不容易做到，只能靠機緣。於是過來人的接引是修行人「悟入自性」的最佳捷徑。

首先要把修行者帶入第六意識的現量。

其次，過來人要善於觀察修行人的意識狀態，掌握出現第六意識現量的剎那。

接引依觀音法門的音聲最殊勝喝一聲：「放下」之類，啟開第六意識的用。

本來體用一體的，啟用即刻感受到如如不動的體。

覺悟的體永遠是你的了。

當下承擔

悟到的空性都一樣，但是由於個人的福德資質而有差別，聖賢以無為法而有差別。

這一悟即俗語說脫落桶底轉識成智。

第六意識的分別意識（妄想）轉為自性妙覺。

默念心經句句真心相應，不增不減無所罣礙，自然就可如人飲水冷暖自知，建立信心承擔起來，這輩子不忘退，真實不虛。

科學禪房

科技的進步把物質文明推進了一大步，但是精神文明的佛學，並沒有多大的突破，尤其在修行方法上亦然。

要如何藉科學文明，來宏揚佛學，該是今後學佛人共同努力的目標。

既然從實證上，可理出一方法論，以現在的科學文明，製做這一科學禪房，並不是難題。

此禪房首先要有一機能，即「使修行人快速進入第六意識現量」。其次就是如何接引（契機）而悟入。

自性妙覺

體悟自性的那一剎那，清淨自在。起了自性妙覺，頓時覺得一切聲音都飄在虛空，周遍法界，不須經耳根而自性覺。外境作用不須經由五識、六識、七識，而反回，所謂脫落桶底。身體能量不再反射出去，因此臉頰、皮膚屆時轉變細滑，心裡面的壓力頓時鬆弛，生機活潑，心情安閑自在，身受不在，走起路來輕飄飄，無掛礙。然而，這才只是開始呢，往後修行，身心上，仍有妙處無窮，切勿得少為足！

悟後起修

學習任何事，關鍵在體悟要領，比如學游泳，一定要領會到泡在水中，能夠浮在水上不下沉的要領。又如學習騎自行車，要能跨上車而保持平衡，不摔下來。領悟的那一剎那，才是學習的開始。這一悟，非空非有，即空即有。學佛的道理正如上列譬喻，必需先悟入自性，而後才能真正起修。

起修是要變化氣質，把與生俱來的第七識末那識（我執個性），轉為平等性智。

無我之後，才能淡去貪嗔痴慢疑，轉成慈悲為懷的大圓鏡智。悟是頓悟，修要漸修。

科學的佛法

佛法面臨非振作不行的時候了，科學文明日新月異，唯獨佛法的修行方法依然如故，沒有跟上時代。

世尊來世，悟了道就發願要幫眾生早日解脫生死，建造眾生平等的安寧國土，傳下修行的經典，供眾生參學早日成佛。

師父為振興佛法，畢生貢獻於古文佛經典白話文化，讓每位學佛的人們都能看得通佛經的真意，創造了一條弘揚佛法的康莊大道。

自己也努力扮演師父的導工，幫助學佛的人們能走上師父所建造的那一條康莊大道。

生機活潑的人生

物質文明必然形成世界的潮流，任何人都無法抗拒。生活在這個時代，就得調整自己的生活方式，如何尋找出一條可兩全其美的途徑才是上策，佛法的修行無可懷疑的是一可行的途徑。了解人生，建立信心，努力修行解脫生死，這一生必然會過得不遺憾。

佛法的修行必然把健康帶給你，變化氣質，昇華人生，知足常樂，必能享受生機活潑的人生。

小參記要

堅定的信心

釋迦牟尼佛說：「自身是佛，本自具足」只要有堅定的信心，修佛必定成功。

從後天走回先天

生命是從先天形成後天的身體，要充分體認後天的身體是四大假合無常的，每個人的身體隨著時空的變化而消失，然而先天的生命是永續不斷的，那個才是我們的本體自性。修道就是要如何由後天走回先天的那個，若說先天是體後天就是體的用，其實放下一切用，無所住，能所歸一，自然就在體。

如是住，如是降服其心

金剛經中說：云何應住，云何降服其心。佛說：就是這樣很自然的放下一切，就做到了。

三際托空

過去、現在、未來三際托空也就是第六意識的現量境，第六意識不在作用時自然就在清淨自在的自性，既無時間亦無空間的感受。

應無所住

放下了一切，捉住了空，就住空相，放下一切「應無所住」

若用意識「生其心」就有境界了。

實相無相，不可說。說了就有相，有所住。

妙哉第六意識

坐上恨不得把妄想（第六意識）空掉，然而放下的這一念正是第六意識，所謂提起正念，要如何善用可恨又可愛的第六意識才是修道的巧妙。

若見諸相非相則見如來

金剛經說：凡所有相皆是虛妄，若見諸相非相則見如來。相是第六意識的作用，空掉諸相則第六意識托空，自然就歸到清淨自在的體，坐中要時刻掌握這個大原則。若被虛妄的相迷了，就誤入邪道，心外求法，切記實相無相。

無上氣功

做到第六意識的現量，腦部必然空靈，真空般、電壓突然歸零似的，身體的氣必然被吸上，填充真空，很自然就做到氣的內循環加劇，若在坐上必然會挺胸，脊椎豎直，清靈無比。此乃無上氣功，不運氣而自運，如此才能變化氣質，健康長壽。

枯禪

修習過程中很易掉入頑空，自己建立一空相，好像沒有其他妄念，守著空，這個空是第六意識所造成的，就像一潭死水並無生機，第六意識一直在起作用，並沒有托空，有所住，當然就無法回到清淨自在的體，善用智慧體會其中的虛實，以免掉入枯禪阻障修習的效果。

物極必反

放下，要有魄力，化於虛空以至無限，或歸零以至無，如此觀照，體悟至極的妙覺，就要靠智慧了。

無所得

每位修行人坐中都有過殊勝，靈光的一剎那，但是過後總是做不到，顯然坐上略有苗頭時，第六意識又動了有所得的念頭，想捉回過去那一剎那的殊勝境界，這一動念就牽著第六意識起用，當然就無法回到清淨自在的體，惟有無所得，才能做到菩提薩埵。

禪七節錄

時間：1994 年春節

地點：獅頭山下信修精舍

座一

◎調好姿勢，豎直脊椎和頭頂成一直線，並和雙腿垂直，放鬆臉部、眉間、眼眶的壓力。

◎要有魄力！要像香象過河般截流而過。

◎身心放鬆！放下一切！

◎如是住，如是降服其心，就是這樣放鬆！放下！放下一切！

◎念頭多不要擔心，那是清靜後才感受到的，本來就有那麼多念頭。

◎知道空還在意識中。

◎放下一切念頭和虛空一體，或者歸零以至無。

◎一念不生全體現，試試看！

◎空靈，沒有時空，身受，生機活潑。

◎有個空就住空了，應無所住。

座二

◎那一個是我？

◎死了呢？

◎念頭是體的用，放掉了用，自然在清淨的體。能所歸一。

◎任何相、感受，都放下，微笑，空，清淨，氣在走，見到佛……都放下，諸相非相則見如來。

◎三際托空，沒有過去、現在、未來，做到第六意識的現量。

◎本來無一物……。

◎無住，無相，無願。

◎放不下，提起來！

◎念佛，數息，念咒。

◎心念耳聞，念到念而無念，身、口、意融合，不就定了嗎？

◎念誦，數息不要捉緊意識，放鬆地念，由快而慢，做到念而無念、數而無數，自然清靜自在。

座三

◎照見五蘊皆空。那一個在照！！

◎應無所住，不要去捉，那無所住的心。

◎清靜自在，如如不動，如何？

◎不生不滅，不垢不淨，不增不減，心無罣礙。

◎放下！（一聲大喝）

◎無所得故，菩提薩埵。

◎物極必反！空中妙有！

◎學佛是智慧之學

精神文明與科學

科學發達帶來物質文明也帶給人類「文明病」。

每個人被物質文明的洪流推著走，喘不過氣喪失了「自我」。

東方人拼命學西方的物質文明，西方人卻受夠物質文明所帶來的災害，轉而追求東方精神文明的安詳和樂。

在國內鄉下人拼命擠進都市享受物質文明的一面；而都市人則想著往寧靜的鄉下住下來享受大自然的美。

佛說：「眾生顛倒。」

宗教是人類精神的寄託。

反觀物質文明發達的西方，漸漸失去人們的信心，沒法滿足科學的論點，其實宗教亦然。於是轉而探求具有深厚科學依據的佛教，世尊是王子不是神，更接近科學文明。

而物質文明正侵襲著東方，東方文明漸漸失去了尊嚴，佛教被物質化，失去了精神文明的光彩，甚至被視為迷信。現在唯有以科學來拯救佛教，證明佛理確實有科學的根據，才有機會重振中華文化的精神文明。

科學化的佛法重現復興的曙光

這個世紀佛法很有機會藉著科學的介入而發揚光大。

首先聽聽愛因斯坦怎麼說：

◎如果世界上有一宗教不與科學相違，而且每一次的科學發現都能夠驗證他的觀點，這就是佛教。

◎空間、時間和物質是人類認識的錯覺。

◎我不是一名宗教徒，但如果我是的話，我願成為一佛教徒。

尼采：

◎佛教是歷史上唯一真正實證的宗教，他視善良和慈悲為促進健康不可以仇止仇。

羅素：

◎多種宗教中我所贊成的是佛教。

幾何學之父威勒：

◎假如沒有佛教的因果律，宇宙就只有混亂。

F.卡普拉：

◎我們將會看到《華嚴經》這部古老的宗教經文與近代物理學的模型和理論之間有著最為驚人的相似之處。

英國著名歷史學家湯恩比：

◎能夠拯救二十一世紀人類劫難的只有傳統的儒家教育和大乘佛教。

西方的科學家、哲學家欽佩世尊的佛學，並認真追求佛法。而我們卻把最有價值的東方文明束之高閣，也許我們要檢討我們的佛教是否往錯誤的方向走了。

現在的佛教徒一天到晚嚷著佛教已到了末法時期，正道難行邪道盛行，這可不是世尊願意聽到的，他為拯救世人的痛苦，創下了佛法，永世不垂的至理。

也許東方的佛教徒被物質文明沖昏了頭。正如佛告訴傅樓那。演若達多照鏡的故事：「自諸妄想，輾轉相因，從迷積迷，以歷塵劫。」

佛是心法，失去了信心，佛教怎麼不走偏呢？

信心的基礎就是「悟入自性」科學化的佛法，將使人人都有機會成佛，佛說：「自身是佛，本自俱足。」佛是實言者。

發掘自身的寶藏

從因果輪迴的道理，可理解這一生幻有的身體終要歸還。但是那個自性本體（第八阿賴識）是永續不斷的。

不過由於投胎、懷胎十月，忘了多世累劫所積累的寶藏，那寶藏就像電腦程式永遠存在寶庫裡，這一世若能挖掘出來，可以享用無盡，甚至可突然了悟許多事理，擁有大智慧。

蘇東坡曾說這輩子讀書已太晚，這輩子讀書要為下輩子用的。世尊賜給我們開啟寶藏的鑰匙，傳授我們如何解脫，回到自己的本來。

後天的第五、六、七意識緊緊地把我們網住了，要一步一步修行才有可能解綑，首先就是要悟入自性，轉識成智，解開第六意識的束縛，轉妄想為妙覺。

其次就要變化氣質，斷除我執，做到平等性智，才能到達「無我」。老子說：「我之為患，因我之有身。」無我，自然沒有貪嗔癡慢疑，才能眾生平等，慈悲為懷，最後大徹大悟轉第八阿賴也識為大圓境智。

人活在世上，每個起心動念，所種的因必然有一個果，形成電腦程式。所以說，眾生畏果，菩薩怕因。多世累劫的因因果果都存在寶庫裡。

發掘自身的寶藏，才是真正修佛法的道理。

後記

如今大家都在談高科技，也就是科技領先，其實先決條件還是「人」的因素，環境靠財富可以解決，但是「人」的因素更是玄妙。假若科學家僅止於第六意識的領域，而從事研究工作便永遠沒有辦法有新的突破、新的發現，只能在既有的範圍中打滾。唯有超脫第六意識、第七意識，明白無我，而開啟第八意識（藏識），大圓境智的智慧，才有可能體會宇宙的奧妙，事理的真諦。

偶然在第五修練（彼得聖吉著）的書中看到有關愛因斯坦的敘說「人類以為自我是個獨立個體，這是一種錯覺，對我們來說是一種束縛，使我們的願望只限於自己及最親近的一些人，我們的任務是必須把自己從束縛中解放出來，以擴大與週遭的一體感，擁抱所有生物與整個美麗的大自然。」這段說明禪定修行的重要性，唯有悟入自性，精進修行，做到虛空一體，同一體性，才能從束縛中解脫，跳出三界外不在五行中。

又說：「我從來沒有以理性的心發現過任何事務。」他敘述如何以想像自己跟著光束旅行，而發現了相對論，更重要的是他能夠將直覺轉換成明確而可以理性驗證的定理。

這段說明第六意識（知識）無法有新創造、發明。唯有第八阿賴也識（自性）的大圓境智，才能啟發般若智慧，明白宇宙的奧妙，有所創造發明。以修行來說，愛因斯坦的觀想已超越第六意識，得以第八阿賴也識起觀，最後做到化身的成就和宇宙渾然一體，洞察宇宙的奧秘而得到正確的解答。

要如何把佛教的教義實踐，融會在現在人的生活，並以科學的角度，重新衡估佛教的偉大與深奧，藉以創造人類最高文明，這是今日我輩學佛人責無旁貸之工作。

敝人謹以學習心得，呈師父並迴向眾生，盼能喚起更多大德，有志一同為弘揚佛教而努力。過程中蒙林茂勳、邱怡瑾、張玉燕三位的幫忙，同學們熱心提供寶貴的習禪心得，十分感謝並刊出。

心得集

道法自然／南雄口述、依蓮記錄

在所有禮物中，真理的播送最珍貴

友人言

一日，聽朋友說有一台商，乃南先生弟子，日前已來此設廠。南先生大作恭讀已久，能與大師座前弟子親近，亦一幸事，乃相約同去。至其廠，簡陋廠房辦公室數間而已。通報入室，見一長者，面南而座，貌溫厚、微黝，惟雙目如炬，令人頓生敬意，相互寒暄，略談數時，告返。

次日無事，因與先生廠處相鄰，騎車再去未遇，受廠辦公人員指點，子夜間至先生住處，未在，只得打道回府，於半途又折回，仍未回家，又返，如此者三，遂罷。

次日又至，適逢先生正下廚做飯，飯訖，設座而坐，乃叩問前日所談唯識數名相，先生一一回答，方知亦以唯識闡教理，以教理入性宗之方便也。其間亦談及南先生在海外，殫心竭慮，為法奔波，箇中三昧，誰人能知。

暢談至甚晚，乃告退。

某甲問：「然所談意識，何異八識，何能離得八識？」

先生言：「此本體，能知否？」

某甲曰：「本體何須識？」

先生道：「不須識，拿出來！」

某甲笑，坦然道：「就是這樣！」

先生高聲言：「是什麼樣，拿出來！」

某甲又笑。

先生道：「哪個在笑？」

某甲豁然。「就是它！」

「是哪個？」

「就是它！」

「肯定嗎？」

「無須分辨，不可能還有別的！」大笑，倒身頂禮，謝先生之恩。

當時，就覺一片清涼，貫頂而下，以前種種事，恍如隔夢，眼前世出世法，林林總總，明明滅滅，時乃一大三昧境，動靜本寂，生滅如幻，苦、樂，煩惱菩提，即此，非此，非可言詮。即告師曰：「原本就沒有什麼仙佛眾生！」師頷而笑。

至此，方體悟到與諸佛菩薩把手同行之旨趣。

又叩問數法要，恭敬而退。

自此，得以常常親近先生，出入廳堂，暢所欲言，恍如舊日師友。

我走上佛學之路

德美

五年以前我剛接觸佛法，並向牧牛老人參學，牧牛老人後來成為我心中大法傳法師，一日在廣教寺十八高僧堂。

師問：「飛機飛來了，你見了沒有？」

我答：「見到了。」

師問：「飛機飛過了你見了嗎？」

我答：「見到它已飛去了。」

師曰：「能見之性就像雷達時時張開著。」

我就附和說：「很對很對」。師承認我這一點上的見地。那時理念上成分多，體驗不夠。

一年後，因建築設計研究室工作上的關係，我認識了邱先生，知他習禪修並為南懷瑾先生的門徒。我因讀過南老先生的「心經修證圓通法門」對他由衷的敬仰。

九三年春節初九，我們學佛信徒數人，在邱先生的和室體驗禪修。邱先生獨到的方法旨在接引禪修者入門。他所接引之人不論所修法門之異同。當時我已習心中心法半年餘，心想能有此機會嘗試一下參禪也未嘗不可，於是懷著敬重之心虔誠打坐。坐中按邱先生語言導引：

「放下！」

「要有香象過河截流的氣魄」

「要把第六意識托空了……」

我就這樣一陣放下，一陣打妄，又一陣放下，禪堂如考堂，鴉雀無聲，「放下」邱先生偶爾一陣大喝，這樣一支香下來，已有道友有了消息。每坐結束邱先生挨個點名叫談體會。當第二坐末尾，我心漸如止水，問答之聲已若即若離。當邱先生點名到我這個近乎最後一人時，其中的對答曲直恐難用語言文字說清。姑且試一試吧！

先生問：「你以什麼聽到我的聲音！」這語音平和的充滿空間，又好像很遠猶如夢幻，我整個身心都在感知之中，我想回答：「我整個身心都覺知到了」但沒有直言，有頓，先生追問，我意識一提，急急的想交答卷，違心的答達：

「大概是用耳朵聽的吧！」隨即又自語：「不對。」

意識有一種污染相、曲折相，我又回到那平靜之中。我的心與聲音沒有半點粘滯，它是它，我是我，但又清清楚楚，我追索這個清清楚楚能知的是點粘滯，它是它，我是我，但又清清楚楚，我追索這個清清楚楚能知的是誰。

先生嚴肅的問：「你怎麼不說話？」

我恍惚回答：「這個就是我的自性。」

先生問：「你能肯定嗎？」

我答：「能。」

我體驗到的就是它，這個清清淨淨而能見聞覺知的東西，它不染聲塵，沒有紊亂，沒有分別，知就是知了！自性是在應用上被悟到的！這印象太深刻太奇妙。

從此我知道了，自性確是在六根門頭應用，而從來沒有離開通。妄念起知妄念起，妄念不起知妄念不起，並常用對境不滯於心的方法來鍛鍊自心。回到家我重新翻閱六祖所云五個「何期」，我沒有六祖的偉大智慧，但也算沾了一點邊，真是「皆以無為法而有差別」這個差別真是時時刻刻貫穿在人們整個修持之中，其高下是很懸殊的。我又翻開了《楞嚴經》上所云如何見真心自性的部分。

1. 無始涅槃原清淨體，則汝今者識精元明能生諸緣緣所遺者。
2. 若離塵有分別性即汝真心，若分別性離塵無體，斯則前塵分別影事。

這個我已親證，是永遠也不會忘記。自性是在應用上見到的。「不能於萬象前剖出精元離一切物別有自性」「萬象中微細發明、無非見者」。這是阿難所言，是佛首肯如是、如是的。佛言「見明之時，見非是明，見暗之時，見非是暗，見空之時，見非是空，見塞之時，見非是塞，……見見之時，見非是見，見猶離見，見不能及。」

當我聽到聲音，這個能聞的自性不是聲音而是離開了聲音，離開心理活動而清楚顯現的，沒有能所。即使沒有聲音在，這個清清淨淨的見知性，也是隨時都在的，正如雷達作用一樣，可以照住有也可以照住無，雷達照住有，易為人所知，但自性無所住更能被體驗。

因為有了這次的禪坐經歷，對以後我打坐入境大有利益，能分別如何是枯坐，如何才是入法性之流，如何是昏沉，甚至如何是細昏沉。我知道了禪修對學佛人的重要性，因為禪修在於悟入，直達無生。

最後我以無上感激之心頂禮十方三世一切諸佛，謝我師友及邱先生的慈悲。

靜坐心得報告

萬吉

（一）身心都放下，呼吸漸細緩，身受漸輕微，而後眼前呈現（閉眼）湛然無際的光明，恍如置身宇宙蒼穹中，沒有感覺身體的存在，而外面的音聲卻能了了分明，而不受影響，這種清淨自在的時間，每回靜坐約有三十分鐘左右，不知這種「自在」是否就是「本體」的本來面目？

（二）脾氣沒有了，對於人、事、物的反應，覺得和以前不一樣，和一般人的看法亦不相同，而事情做得卻很稱心順手。

學禪小記

小自在

緣起庚午深秋，余曾客金陵栖霞古寺，夜與文定師烹茶秉燭而談，論及當代敬仰之大德，文定師失色而言：「唯南師懷瑾」。當時因對南師不甚了解，余答以諾諾，但心暗已相應，攜南師《禪觀正脈研究》而歸，悉心以觀，茫然不知所云，但此事即掛念在心。後因南師《楞嚴大義今釋》一書因緣，認識了邱先生，從而對南師更為敬仰。同時在各位師長、師兄的幫助下，對佛法亦有所了解，而隨之而來的是更多的困惑和疑問。

座上

邱師慈悲，于壬申正月初九相約打坐於軍山腳下，時有德美師及諸位道友，余亦隨坐其中。師令：「一切放下，要如香象過河，截流而過的魄力，應無所住……」，余亦相應而行。第一座，因對打坐沒有太多經驗，身心放下而念頭卻如沉渣泛起，思緒如流。第二座，念頭稍平，時亦有妄念莫名而起，身心亦能放下，放下亦能放下。第三座，時近午時，座上只覺有一絲念頭所掛，此時邱師御聲一吼，當下一切打斷，一片空寂無可掛礙處……。余閉眼相觀，師對余微笑，余也不去管他。（此是何等的相應）下座，師問如何，余假答：空靈之至！

座下

下座三日內，一切朗朗如寒天之星均在此中，睡亦能清明如醒，對以前困惑及疑慮，頓覺澈然。回家翻看《六祖壇經》、《金剛經》等，亦能相應，總覺從此有了一個開始，學佛亦可著力，真可謂：眾裡尋他千百度，驀然回首，那人卻在燈火闌珊處。

阿彌陀佛、阿彌陀佛

老菩薩口述、依蓮紀錄

我今年已是七十九歲的老太婆了，我三十六歲時即守寡，一家大小，上有年老的公婆，下有稚幼的子女，都需靠我一人扶養，除了耕作自家小小的園圃外，尚需另外幫他人耕作，以維持簡單的生活，生活非常清苦

在住家附近的山邊有一「信修精舍」，我常到那裡禮佛並幫忙整理道場及山林園圃。蒙師父慈悲，許我參加邱先生禪七靜坐。

邱老師對我說：「阿婆，您就念佛號，輕鬆的唸，唸到唸而無唸，就像『莫個都無知』：（客語）」。

我就照老師的話，輕輕鬆鬆念佛號，南無阿彌陀佛……阿彌陀佛……

慢慢地，我在禪坐中，不知不覺呼吸漸漸停止，感覺一片光明，光光圓圓的一片，非常寂靜，全身發暖發熱，心口胸似廣大的天空擴大……非常歡喜。

我不知道什麼是佛法、佛性，但我自此知道，我已得到佛菩薩慈悲賜我一滴。甘露。使我安然度過去年喪子之痛。我更清楚的知道，從前別人的閒言閒語都已入海底流走了。每天我看到人人都那麼和氣勤快。

在此衷心的感謝師父和邱老師的慈悲。合十頂禮諸菩薩。

習禪心得

婚雲

我是一位才藝補習班的業者，教授瑜珈及韻律舞。原本在先生的支持下，瑜珈是自身健身的運動，婚變之後，竟變成我謀生的工具，但因仍無法支付孩子龐大的學費、生活費，因緣際會之下，我在邱老師的公司找到一分工作，也因此我的人生起了莫大的變化。

初遇邱老師，他問我教瑜伽是否也有靜坐，我知道瑜伽術在阿南達瑪迦這一派是以靜坐靈修為主，但是目前台灣大部分的瑜珈走哈達瑜珈路線，也就是以體位法為主，因此我也不著重靜坐，再加上我是無神論者，一向對於學佛、習禪沒有興趣也未曾接觸，「直到約一年後，邱老師提議約幾位瑜珈課的學員一起來學禪坐，為了捧人場，加上邱老師每每從新竹開車來頭份教課的用心，我們便開始學「靜坐」。

剛上班的那年春節由老師帶領我與鍾紹楨教授借十方禪林打禪七。由於首愚法師的慈悲，讓出他專修閉關的禪房供我們打七。

經過老師多日的調教，打座亦漸漸進入勝景。於第五日時，我的意識進入光芒四射的光海，老師當場大喝「放下」。

剎那間起了自性妙覺，聲音遍佈四方，對自性深信不疑。

我記得靜坐後的某一天，座中我忽然感覺到呼吸急促，以為是多年未復發的氣喘病復發，正當我緊張之際，突然覺得我從頭頂百會穴升上來，一瞬間好像沒有身受、視覺、似有非有，說不出的感受，周遭一片清靜。正巧隔壁鄰居在說話，雖沒聽清楚他們的內容，卻感覺「我」飄出身體之外去到鄰居那裡。頓時嚇了一跳才回過神來，此刻才感覺尿急，還奇怪剛剛座中為何沒有感覺。

之後，老師常談到「悟後起修」、「悟出本性」，就會開啟智慧、解脫等等，並要我多看《楞嚴大義今釋》、《楞伽大義今釋》、《靜坐修道與長生不老》，而我只抽空看了《靜坐修道與長生不老》兩遍，發現身上的氣機反應與其中所述雷同。

還有一天早上，靜坐中聽到庭院中鳥鳴聲，幾天之後竟能分辨有幾隻鳥，但老師告訴我此法雖能成為順風耳，卻不是大乘佛法，因此我便不再修此法了。

剛開始靜坐時，我的思緒一大串又粗又多，慢慢地思緒變細變小，彷彿電影播放，忽然一切停頓又再次播放，老師說這就是「三際托空」，要是此停頓的時間能持久，就是定的境界。雖然我家在火車站附近，但是靜坐之後，我感覺好清靜，慢慢一改往昔的壞脾氣，物質方面能減則省、不奢侈，淡泊物慾、不浪費，這是我靜坐以來最大的收穫。

當下即是

金榮

在我修學佛法的過程中得到了許多大善知識的幫助，尤其是在邱先生處的多次參禪，當面得到邱先生的開示與教誨，如飲甘露，使我認識到：一切只須徹底放下，當下即是菩提，並且要敢於承擔，否則別說：「狗子無佛性」人之佛性又在何處？

由此行、住、坐、臥，心中常自觀照，二六時中常自凜覺，念念不離自性，坦然自在。

我常根據自身的情況來調整修法，身心疲憊時先休息一刻再修以免陷入昏沉，思索繁多時加修六字大明咒……其他時候就直觀心性。上座後一切放下，當下的靈明之性自然現前，不去管身體的不適或是妄念的起伏，一切無心，無住，如龍之銜珠於游魚而不顧。

學佛隨感

山風

學佛者，重在實踐，身體力行；佛學者，重在究理，陶冶性情，兩者若是能有機結含，以理論指導實踐，福慧雙修，才能迅速抵達無我涅盤之彼岸。

禪者，淨也，淨土念佛法門要求學人以一聲佛號除雜念，做到都攝六根、一淨念相續，念至佛聲脫落，無念而念，即見本來面目，淨既是禪、禪即是密，佛說八萬四千法門，終究是要迷人得大自在，工作中於事無心、閒暇時於心無事，海闊憑魚躍，天高任鳥飛。

初學佛時，自以為學佛即是諸惡莫作、眾善奉行，吃素念經，做個苦行僧。

兩年來，心未淨，行卻使人陌生，總讓人覺得怪怪的，脫離實際。《金剛經》云：一切有為法，如夢幻泡影，如露亦如電，應作如是觀。自邱先生處打坐以後，經過點撥，又經道友幫助，知一切皆是自性顯現，心有所住，便已離體太遠，學佛應是很快樂的，很活潑的，一切皆在轉念之間，在生活中隨遇而安，於行、住、坐、臥中永處安祥，於無為中而無所不為，我努力達到這樣的心境，我知道努力已是不對，但我目前只能如此。

禪坐體會

佩佩

今天和幾位朋友到邱先生住處打坐，茲述體會如下，一天共升坐五座，上午三座，下午二座。

第一座：坐上求心靜，妄念多，沒多久腿發麻，難受沒坐好。

第二座：坐上較平靜，妄念少了，老師開示「要放下，本來無一物！」此座坐得清淨明瞭，沒覺得時間過去，即下座了。

第三座：一上座，很快進入那個清靜明境中，感覺身體空掉，入定中，外邊雖有聲音，但不受影響，且清楚明白，此時，老師大喝一聲，如雷震撼，輻射全身，微微振動，仍在那個境界中，時間很快過去，老師說下座了，仍不想離開那個境。

下座後：老師問：坐的如何？

答：蠻好。

老師問：怎麼好？

答：身體空掉，入定境，對外面一切聲音清清楚楚，但沒有分別執著。

下午二座，亦如是定坐，雖能入那個境界，不及第三座。這種清靜境界，後來一直持續近一週，在工作和生活中時時處於平常淡泊之中，攀緣心、煩惱，自然不起，原先遇事易急躁的習氣，突然變掉，眼中看到外界的一切似沒看到，心不會動，工作中心不住事，只覺時間一天一天過得好快，過去的即沒有了。

學禪體悟

丹玲

每到假日，邱先生邀我們去玩，談天、喝茶、聚餐、郊遊、漫步、唱歌、跳舞……當下就能體悟到如夢如幻，法爾如是的法性顯現，當就是歡樂的生命之流……。

先生讓我們在輕鬆、活潑、無所住著的狀態下坐禪。每一座約三十至五十分鐘。先讓大家調整好坐的姿勢。

「如是住、如是降伏其心」先生渾厚、緩慢的聲音流注學員的身心。

放下！……一切念頭放下！……

「眉宇的那點壓力也放掉！」

靜……靜……靜……

「微笑也是一念，放下！」

靜……靜……靜……

「守著意識形成的空境，也要放下！」

靜……靜……靜……

「怎麼能用有所得的心，求無所得的道吧！……隨它去吧！」

先生的聲音輕輕地震撼著我們的身心內外，揮掉學人在靜坐中幽幽妄念，揮掉學人與生俱有的執著力。聲聲舒緩、沉著、乾脆的聲音引導學人進入一種無所憑依的空靈狀態。

喝！……霹靂一聲，威震十方！

剎那卸脫掉學人這若有若無的空靈定境。粉碎了能知的我和所知的空境！能知、所知雙亡，虛之不昧。

「大道希聲」，「不容擬議」，當體戲論息滅。
感動涕零，語言蒼白無力，從此才談得上修行。

禪緣

思靈

在變幻莫測，無奇不有的大千世界中，人們最講究一個緣字，然而，緣有各種各樣的緣，有法緣、善緣、惡緣，也有情緣和孽緣，而邱先生確以一本《楞嚴大義今釋》和本地人結下了一個禪緣，正是這個緣字，使我在偶然的機會裡認識了邱先生，從而走上了修學佛法的道路。

我接觸佛學是從氣功中悟到了氣功鍛鍊只能強身健體，並未能解脫生死，因為它不究竟，苦於當時沒有遇到一位好老師，僅僅從佛學書刊和近代佛學大德的開示中初步了解佛教。當然，大德們的開示對我啟發很大，《金剛經》《心經》我都讀過，但其中含有的大乘修法和佛學至高無上的真諦我卻領悟不到，更不用說昇華到玄妙的境界，特別是讀到明心見性，悟後起修啦、自性清淨啦，以及心經云：「五蘊皆空」這些句子時，我始終都不明白，因此我帶著這些問題去請教竇居士，竇居士她苦口婆心的給我解釋了半天，我坐在椅子上茫然無知，還是不能理解。後來她告訴我有位邱先生，他是南懷瑾先生的弟子，當時南懷瑾先生的書已在此地流通，我就是讀了他的《心經圓通法門》而開始接觸心經，聽了這消息我心裡好高興，決定去找他。因為我深知憨山大師的一句話：「在家容易遇師難，若遇不到好老師也就枉為一生了。」

星期天八點半，我來到了邱先生的住居，沒想到遇到好多熟人，一打聽方知是來打坐，既然是打坐我便也隨大家一起坐下來，第一座坐下來邱先生開始問話和開示，當邱先生問到我有何感覺時，我說：「心靜不下來。」邱先生開示說：「心經上講心無掛礙，你還有什麼要掛礙的？」沒想到他這句話剛講完，我的心一下子平靜下來，靜的似乎一塵不染，老師的聲音遍虛空，內心就是不動心，並脫口而說：「原來人的自性是清淨的。」第二座、第三座直到結束，我每次上座時對先生的喝、開示，心裡清清楚楚，然而又不著於此相，這種境界一直延續半日，色身也在轉，這其中的滋味真是難以說清楚，說它妙不妙，卻人人都有。

通過這次打坐，使我明白了好多以前不能理解的道理，但我深深知道，這僅僅是一個開始，更主要的是在境上練心，在事上漸修，多結福德因緣，要做到理事圓融，正如百丈禪師所說的「心性無染，本自圓成，但離妄緣，即如如佛。」

不可說

紅紅

邱先生慈悲，為我打坐開示，而我本是從未有過打坐的經驗，更由於長時間不愛運動，身體肥胖、韌帶緊固，即使散盤也是痛苦非常。但在第一坐中，開始隨念起伏，身體痛苦也是強烈，隨著先生的開示，慢慢忘了身體的存在，更得益先生的一句話「放下」，肅然一驚，什麼都已不在。

下坐後，先生問我：「什麼在聽？」我的上下、左右、前後、身體的中間在聽，像是在感覺聲波的震動。

以上表述，也並不能完全反映當時的狀態，總有那麼一點，不能表述完全，而且越寫越麻煩，越寫越詞不達意。可謂：不可說！

山中問答

小雨

因一殊勝因緣認識了老師。九六年元月元日第一次拜訪邱先生，邱先生依山而居，門前芳草萋萋。「禪房花木深」，禪不知是什麼，但這句古詩是讀過的，先生深居簡出，一派隱者氣派息。

寒暄之後，我們坐到榻榻米上，先生升座。先講解了一下坐姿，開始打坐。時心中妄念如黃河之水，奔流不息……

此時，先生緩緩道來：放下！放下！本來無一物！

先生的話語如甘露，沁人心脾，身心緩緩放下，口中生津，感到結印的雙手沒有了，頭頂上似有一個蓋子，邱先生大喝一聲，我嚇了一跳……。下座後，先生問我這一座的情況，我如實回答，先生說：「把第六意識托空！」

以後，先生慈悲心切，多次帶領我們打坐。打坐結束後，先生陪我們走在鄉問的小路上，邊走邊聊，不以我愚鈍，殷殷教誨，望我慕日窺明。並介紹我拜讀了南懷瑾老師的《金剛經說什麼》、《圓覺經》、《易經雜說》、《楞嚴大義今釋》等彌足珍貴的書籍。

一日，盛夏，在先生處打坐，忽然沒有了，渾然不知，打坐將近結束時，聽到一片嗡嗡之聲，似是蟬叫，想山中怎有這麼多蟬。坐後，先生問我這一坐怎麼樣，我茫然答不出來，就答為馬馬虎虎，先生說：「這一座很好，太客氣了。」

又一日，雨中打坐，剛上坐，只覺得窗外雨聲淅淅瀝瀝，連續不斷，忽想到佛祖講天上天下，唯我獨尊。想打坐就是打坐，天上天下，唯我獨尊，其餘皆為虛幻。

這一想，便覺得與自然一樣大，窗外的雨聲沒有了，剛下坐，先生說：「小朋友，現在是大人了！」

經過幾次打坐，彷佛是喚醒了我內心深處的記憶，拔動了我的心弦，「問渠那得清如許，為有源頭活水來」自性就是源頭活水，唯有回到本來，才能脫開物質世界的束縛，實現自由之思想、獨立，精神。

一日傍晚，從先生處回家，先生送至門口，我驀然回首，感先生藹然仁者，如浴春風，先生不教而教。

亦無所得故

藏心

人說「山中日月長」，可我覺得和先生相處日月如梭，臨別之際，不勝依依！

我是潘老師引進佛門的，但我終究對佛學所知甚少，只是從幾本「安祥集」中瞭解一些佛教所說的一些做人的道理。多做善事，秒秒安祥，也是我對這紛繁的世界，家庭的矛盾所必備的素質與心態，這樣才能輕鬆自如的生活。

這幾日到邱先生處打坐閑聊，使我對佛教又有了新的認識，可嘆自己對佛法瞭解的非常之少，功夫太淺，著實慚愧！跟著邱先生打坐三次，受益頗多。

第一次，我坐姿不正，心情浮躁，不能靜心去念，但先生每一次溫厚的教誨卻使我心靈震盪，頓時清明。特別是那一聲：「放下」的棒喝，當時我正處在茫然混沌中，被這一聲嚇得氣短心跳，思緒戛然而止。至此之後，我便能保持一種較為空明的狀態，心裡頗為舒服。我才明白先生這一喝的意義，待到先生一一問及有何感受，我又頗愧，由於功夫太淺，感受不是太深，但覺耳目一新，先生的聲音很是清晰，而且我的手臂也有回應，我以為沒有效益，但先生用心用神，看到我臉上的白光，那便是收益，當然我仍然維持了「有所得」的心態。

第二次打坐，我便安靜多了。我不時的用念經來驅散念頭，想來這是個辦法。

第三次更加靜心，感覺時空都很遙遠，若有若無的存在著，也有短時間的空空的感受，那時我真正的做到了身心兩空。打坐結束，心情舒暢，身體舒適，腰也不痛了，環顧四周，遠眺山林，恍然如隔世，我知道至此，我要不斷的修進，潛心學佛，專心打坐，才會使我越過越輕鬆，才會對事業有所進益，先生的教導使我終生難忘。

靜坐的一點體會

正云

一九九三年正月有幸皈依三寶，拜師心如大和尚，學的淨土法門。同年三月邱老師慈悲引導我們，教我們打坐，坐上我仍執名念佛，忽然邱老師大喝一聲，我覺得一股強大的聲浪向我頭上劈下來，一下于沒有了自己，剎那間睜開眼睛一片光明，好生輕安……。邱先生真好，對每一個人都是那樣慈悲，我雖年近七旬，修學淨土法門，他耐心地指導我掌握念佛要領，還介紹許多相關書籍給我看，接引我聞到了正法，終身受益。

學佛主要是修正身、口、意方面的舊習：對治貪、嗔、痴、慢、疑，要修清淨心，才能與佛相應，我一定把握住當下，不能空過，世事無常，

人空、法空、空亦空

茂林

本人九歲喪父，隨寡母及姐妹五人，苦渡少年，青年時代邊勞作邊就讀，因家境貧寒，終止學業，謀就一份紡織職業。後由家人作主，草率婚配，冤家聚頭，不得和美，生得一子，也未得緩解，只得各奔東西。二十多年來，含辛茹苦，將兒撫養成人。無奈，身心疲憊，久勞成疾，病不離身。幾十年來，就苦水裏長大，苦水裏煎熬，只怨命苦，尚不知命從何來？苦自何在？何能離苦？如何能改變自己命運？

有幸于天命之年，經一道友介紹，拜見了邱老師，並聞及南師之著作《金剛經說什麼》頓生向道之心。九三年秋末，第一次在邱師住處打坐，因不懂佛法，只練過一些靜坐氣功，膽怯怯的上坐，邱師幫助糾正坐姿，介紹了基本要領。當坐，平時不覺的念頭紛紛而至，心猿意馬，不知所措……只聽邱師開示：放鬆！從前額至眉宇間、再向下至兩頰、乃至全身放鬆。遵師專調為之，緊張感漸消，頓覺輕鬆，渾身出汗，連上幾坐，只覺一次比一次鬆弛，但妄念仍不斷，卻沒有同坐道友所述的那種感受，深感自己少根器，按邱師指點之要領，日後堅持每日坐上一、二坐，漸漸略知其要領。

九四年春，再次去邱師新居打坐。坐上按師指點：放下！一切放下！念頭來了不去管它，看它怎樣，漸漸念頭減少，覺得身體陣陣熱烘，念頭雖少，卻念頭不斷，不得安靜。聞道友們談及感受，更覺心急，越急越不行。後邱師託道友帶信：要我平時放鬆，注意休息，調整好身體，心不要急，有空誦誦《心經》、《金剛經》，誦時也要放鬆，只管念，不去解其意。遵師所囑，日誦二至三遍，念熟之，時有念而無念之感。自後坐上，即默誦《心經》，其他妄念很少，時而出現我空之感。

九四年十月，第三次去邱師處打坐。剛開始，仍有一種怕不得過關打不好心理，心想放鬆，有時還鬆不了，直至下午最後一坐，聽師對我重點開示：本來無一物，亦無所求。如夢如幻、空無一物。隨師之聲，我默誦《心經》，心繫一處，漸漸以一念代萬念，妄念不起，念、念……而後念而無念，頓感身受也空，師又開導：人空、法空、連空也空。應聲以意念一帶。空寂無一物……忽聽師「喝！」一聲喝，音聲如雷，從四面八方而至，眼前似一道亮光一閃而過，略一驚，很快又恢復「原狀」。此後，遠處軍訓口令聲了了覺知，似在周身迴盪，下坐後，邱師和我開玩笑地說：「你像一條泥鰍，好滑，難以抓住。」連連數日，行、住、坐、臥，與日前不同，很輕安。平日騎自行車，小心謹慎，遇行人車輛多時，膽顫心驚，連連下車。而後，感覺不驚不怖，尤其感知我一人行走，遇「險情」也能安穩而行，不再連連下車。平時喜歡默默「呆坐」，不思前、不思後，兩眼似看一物，卻不覺其相，身心倍覺輕安。

在日常的工作中，一改往日那種人哀我悲、人喜我樂、人憂我急、心隨境轉的狀況，順應諸事，心卻不易動，偶有觸景生情之感，也只一閃而過。而後，重讀《心經》、《金剛經》倍感親切，經文也易理解。

邱老師真慈悲，為我尋覓到一條離苦得樂的解脫之道！

不隨不拒

惜冰

弟子學佛過程中有兩大殊勝因緣：一者學密坐禪，所遇的兩位老師都給予無上的開示與加持。先蒙密宗金剛上師、尊敬的牧牛老人灌頂授法，後又遇邱老師從修禪坐，令我受益匪淺。我想僅就坐禪過程中的一些情況談談我個人的體會。

邱老師給予我的印象是那樣的慈悲和寬厚，舉手投足都是那樣的瀟灑自在我覺得更像慈氏菩薩。又幸得南老師著作《靜坐修道與長生不老》一書，初閱後覺得靜坐非常新鮮和重要，後來邱老師曾開示說學密要有禪的基礎，故對打坐很嚮往，總想試試，終於心想事成，如願以償。有一天，我和友人易水、德美、海田、小自在幾位道友在邱老師那兒第一次學打坐。老師開示要領後，便盤腿入座。

靜坐時，開始靜不下來，就在意識裡人為想靜想空，結果適得其反，妄念紛飛，內心顯得煩躁，反而靜不下來。第一次坐後，很慚愧，老師詢問感受，我就兩個字：煩躁。我把情況向老師匯報後，老師很有耐心地對我開示了對付妄念的四個字：不隨不拒。就是妄念來了既不要跟著妄念跑，也不要為了空而拼命地排除它、壓制它。後來我覺得「不隨不拒」不正足佛法的不落兩邊而入中道嗎？

有了第一次的經歷，我在第二次打坐時就覺得情況不同了。雖然開始妄念依然很多，但是有了「不隨不拒」這個法寶，內心能夠靜下來，坐著坐著，彷彿身心與虛空融化在一起，其實這可能還是意識裡的一個空的幻影而非真實，突然傳來一聲斷喝，自己只覺得念斷了一下，但未能認取，也沒能把握，因為太快了，更由於定力不夠，很可惜。坐後，老師一個個詢問體會，我也就如實回答，邱老師還問我：「剛才那聲音是你用什麼在聽？是用耳朵在聽嗎？」我回答：「似乎不是，因為老師喝斷時，我覺得身體好像沒有了，彷彿是空中發出，我想應該是我們的自性功能在聽吧！」老師點了頭。

這一次打坐我覺得對我觸動很大，儘管沒把握那個剎那空，但總算能夠感受這個一點點，這對我修密幫助很大，因為我至少能夠體認那個發生作用的本體，理上比以前更有了親切的體驗。

學佛十年之回顧

小薇

從初中開始，就一直在對生命、人生的困惑徬徨中尋尋覓覓。

高一在佛學尚沉寂在社會普遍誤解之中的情況下，偶而讀到尤智表先生所著《一個科學工作者研究佛經的報告》，大有「驀然回首、非它莫屬」之感。從此有佛書必看，且勤思勤用，最初幾年生吞活剝式的學習，樹立了對佛法的基本證信，對那段充滿偏激和躁動的成長期也多所裨益。但嚴格說來，佛法於我只是心裡的制衡器和精神的避難所，無關心靈的真正解脫。

九〇年來到此地，有緣親近大愚祖師一脈「心密」，傳人魏鴻勛老人，得以剝去佛教的種種外衣，真般若不二法門，期間雖經魏老的循循善誘、反覆開示，理路漸漸理清，但事實上還是混混沌沌，深感所學無非知識，就像宮殿蓋得再精緻，總有倒塌的一天，這一點，與那些簡陋的房子，並無兩樣。

苦思冥想，無法突破，苦悶疲憊，就在這種情況下，遇到了邱先生。九三年二月十四日，與另外七位道友，在邱先生處打坐，半小時一次。我在座上總有細微的念頭和除去這些念頭的念頭。忽聽一聲大喝，嚇的要跳起來，但隨後就意識到他在用「喝」法，思緒更加流連了。綿細執著中，忽然傳來邱先生渾厚舒緩的聲音：「好了，下坐了。」我像被人猛推了一把，跌入一種定境。邱先生一個一個問過來，他的話像流水，清清楚楚，過而不留。自覺清心寡慾，不想起身，也不想說什麼。下了座，隨大家出去喝茶、上廁所，就是內心空空的，像個空心大夢般。兩眼轉動時，和發呆的感覺差不多，但又什麼都看見。原來心律不整的毛病，也感覺不到了。以後幾天覺得很輕鬆，不夠受刺激，能量耗散少，典外界彷彿有層無形的布幔，清晰又隔離。難怪有人說：「狂心小歇，歇則菩提」、「大道至易，唯嫌簡擇」，原來是因為用不上力氣，而對用慣了力氣的我們來說，恰又是最難的。

初嚐法味至今快四年了，慚愧的是，由於用功的時斷時續，由於所求心不易死透，實證上沒有更進一步的突破。另一方面，對人生的無常與無奈，有了越來越深切的體驗：人生就像用一只籃子去提五味水，痛苦和歡愉就像一枚錢幣的兩面，你無法只接受一面而拒絕另一面。對生活，你既無可攀附，也無可逃遁。因而求道無非是求自在，是智慧的解脫。體驗在現實生活中，有三樂，其一：運用世間的知識、技能、技巧和直覺的智慧，靈活運用，並不斷的總結經驗教訓，樂在其中。其二：一念化空，不管有理、無理，當下太平安樂，再便宜不過了。其三：定慧力不夠，無法化解時，也只能任他在內心的注視下，自生自滅。喜怒哀樂像手中放飛的風箏，而我是那個握線的人。常常要忍無可忍的大哭，為自己也為像我一樣浸淫在生死苦樂中的人們，說不清是悲傷還是喜悅。人生苦空無常，但能苦、能空、能無常，生命本身就是一個奇蹟呀！

學道碎語

易水

本人於幾年前拜師牧牛老人學佛，後又遇師邱先生修學禪宗，並拜讀了一些儒、佛、道祖師及南懷瑾大師等諸大德典籍，於道學有少許心得，現作一彙報，以供師友指正。

世有儒、釋、道三大教派，又有佛、仙、道、真人、天、玉皇大帝、仁義、易、金丹、極樂世界、如來、禪、心、菩提、大圓滿等諸多名相，然深究其根，卻本為一，皆可以一「道」統之。學道之書法如煙海，然觀道學問關鍵在於明瞭真諦，而後方能有成。佛因一大事因緣，即已使眾生開示，悟入佛之知見，出現於世，而非要我輩求名、求相、求物、求生等有形有相之極樂。然道究竟何物？《道德經》云：有物先天地生，強之為道。道乃萬物之母，只因眾生妄想執著、著我、人、眾生等諸多名相，遍計所執而又依他起性，被業力所牽，不能歸於道位，淪落三界受大苦惱。道本無頭無尾、無終無始、無名無姓、無形無相，然又無所不在，並含融大千世界，勝義有即畢竟空，即為「道」。

道本無門，如何才能入之？邱先生授我輩南懷瑾大師所傳禪宗心法而開無門之門，使我輩於無所得處而有所得。通過修學，方知禪宗心法乃悟佛知見最上法門，並明瞭不悟本性，縱然學道千辛萬苦，也只能是盲人摸象，而只有明悟本性，才能登泰山而小天下，然又如何修禪？一言以蔽之即一切無著而起，正如《金剛經》所云：應無所住而生其心。我輩無始以來，遍計所執，心受纏縛，不能入道，今欲成道，只有一條無著大道可走。世上所行禪、密、淨、丹道、中庸等諸宗派，其詣都在使眾生心得以

如是如是

忠庭 1997.1.8

歷史長河，六載為一瞬，但人生六載，變遷是甚。

一九九一年，通過丹林老師，接起了我學佛的因緣。開始將其當作一門高深的學問探討而已。在丹林老師的耳濡目染下，才逐漸改變了想法，確認佛法、禪是亦理亦事，更重實證的理法。可這也是只停留在嘴上，沒有真實的去實踐，尤其思想上的一個誤區，到今天才真正明白，那就是「心外無法，自心真實」，一切的一切，「唯心所現，唯識所變」。以前一直都認為心外有個法可以解脫。雖然經論翻過不少，但獲益不多，沒有真正印入潛意識中，因此，道心不強，用功甚少，說得做不得，浮得，沒有沉下去用功，未得多少真實受用，隨緣琢境，煩惱多多。

今年五月，一天在家整理書籍，從一堆資料中，看見了達摩祖師的《四脈論》，隨便翻開看看，一下就吸引了我，一口氣看完，深深的打動了心田。值此，我才從心靈深處明白，解脫起自心的解脫，認識到自心，認識到自我，才不會被五花八門的現象所遮障，超凡入聖，只此一心。過去也知此意，但未能有這一此感受深刻。但感受還是感受，尚未體證。

一九九七年元月四日跟邱先生打坐，在邱先生舒緩輕適的引語下，逐步把心帶入道近於無我的虛空之中，也有少刻虛靈之境出現，但很快被身上不適的感覺牽走，正在識根覺受疼痛時，忽聽一聲大喝，只覺喝聲從八方鑽進身中，直錘心坎，身心跟著一陣震蕩。無比輕安寂靜，身受全無而了了知覺……。

學佛幾載，跌跌撞撞，浮浮沉沉，直到遇見邱先生才知：一切放下，連放下的也放下，則「真心自然顯現」，才知道這是最上乘法。喝，解脫法，原來就這麼簡單！如是是如是，我將腳踏實地，終生受持。

學佛心得

海田

自從佛祖將佛學在世界上傳播開來到現在，已有幾千年的歷史。在漫長而短暫的歲月中，有多少人不顧一切地追求真理，也有許多人因此得以解脫，得到真正的自在。古代人學佛多以出家的方式在寺廟中修行，專心一致，由寺中長老教導，修習各種法門，這樣對初修者來說有必要的條件和精進的資糧（外界條件），所謂「師傅領進門，修行在個人」。這些在我們這個社會，特別是以在家人的身份修行佛法的青年人來說是不可能了，生活的壓力、家庭的負擔、社會的責任等，現代人就像蝸牛背著重重的殼。隨視野的擴大，現代科技的發達，人們感到生活的空間越來越小，在這種情況下，人們應如何求得解脫，得到自在，了卻生死，還本復原，這確實是我目前的大事，現將我個人幾年來學佛點滴體會做一總結：

在成長的年齡裏，在讀書的環境中，我開始體會煩惱和憂愁，隨著年齡的增長，執著的東西越多，煩惱與憂愁隨之而來，工作以後，開始享受自主的自由和金錢帶來的喜悅，但隨之而來被更多的煩惱和擔憂所包圍。這種定期或不定期的交替，使我模糊的體會到人生的無常，體會到苦痛，開始尋找生路和寄託，就不知不覺的一直尋找下去，直到有一天在好友家中找到兩本書《六祖壇經》和《金剛經》，看後似有所悟，又如在雲霧之中，但是引起極大的興趣。終於在一九九三年的秋天有幸認識南懷瑾先生的弟子邱先生。邱先生的慈悲給我留下了深刻的印象，對症的指示，又使我獲益匪淺，在此期間，認真的看了南懷瑾先生的《金剛經說什麼》、《如何修證佛法》、《楞嚴大義今釋》等著作，對其中深意仍不能理解。同時，在此期間，參加了邱先生帶領的幾次打坐，其中印象最深的是第三次打坐。那次，八點三十分我準時到達邱先生的住所，由於有前兩次打坐的經驗，以及邱先生在前兩次打坐的開示，這次一上坐就能身心放下，關照念頭的來去，而慢慢達到清淨靈明的境界。上午三座均感覺很好，吃中飯以後，在附近的鄉間小路上散步，走著走著，如在定中，身體頓時輕飄飄的，同行者的說話聲音不辨遠近，似聽非聽，似乎所有的一切都似有非有，似空非空，回想起來，實在無法用語言表達，這種感覺是那麼的不同卻又那麼的普通。

自從有了這一次的經歷後，不知不覺中對經典的領悟能力大大的提高，對一切事物的看法也有些改變，每遇書中一些信條，如《六祖壇經》中「不思善，不思惡……」、「何期自性本自清淨……」，《金剛經》中「應如是住，如是降服其心」等，都感觸至深，引入「佳境」之中。

在此之後，有幸多次聆聽邱先生對症的指點，另一道友也多次上門來以其對經典的深解和自身力行的修行，對我講解道義，使我在短時間內得以鞏固，且以反觀自性的觀照法用於日常工作生活中，注意坐下的修練，時刻提醒自己，佛學的修行在於心地的修行，關鍵時刻的修行，每天抽工作間進行數次反觀自性的修習，久而久之，可打成一片，時時觀照，而能到不照而自照。

注意將平時所悟的佛學道理，應用於工作與生活中，同時也將時刻注意體會生活中禪理，一切法者為佛法，生活中每一件小事，工作中的每一個成功與失敗都是我們的老師，生活即是這樣，工作即是這樣，佛法即是這樣。

道法自然

南雄口述、依蓮記錄

我是生意人，經常在國內、國外跑生意。我訪師求道也經常跑國內、國外。

我曾經在印度參加滿月活動。那晚月色很美，呼吸舒暢，突然趴！一下非常寧靜，我觀樂，唱歌不思睡法喜充實欲與人分享。又一次在紐西蘭，外境寧靜一片安祥。也曾在慕尼黑，那天下雪，一片銀白，寧靜耳際有聲，人也感到舒暢。但都沒有好好掌握。

去年，參加老師的禪七，因事忙，只參加禪坐後二天，這次禪坐覺得輕鬆自在。過後二、三天發現，忽然心靜自在，頓悟自性自在。哈哈大笑。

曾在國外讀過一句話：「一個人用手做事是工人，一個人用手和腦做事是專業人員，一個人用手，腦和心做事是藝術家」如今體悟到，心：不是我們的自性，那是狹意的用心。自然意識念頭帶到動靜自在，不在意的用心，自然無限的自在，也起發看清楚自己的習性，進而淡化它。

再次參加印度滿月活動，我上台發言：以前一直抱怨這，抱怨那，自今與前截然不同，一切自信自然，那無所謂很自然「應無所住而生甚心。」

馬祖道一：「道不屬修，修成還壞，若容不修，即是凡夫」與同參道友，共勉之。

註：南雄訪道，急切心堅，在他座車內備有坐墊，睡袋，隨時上坐，

國家圖書館出版品預行編目資料

習禪點滴：自性的體悟／邱秀雄著. --初版.--
臺中市：白象文化事業有限公司，2022.3
面；　公分
ISBN 978-626-7018-56-9（平裝）

224.517　　110013030

習禪點滴：自性的體悟

作　　者　邱秀雄
校　　對　邱秀雄
發 行 人　張輝潭
出版發行　白象文化事業有限公司
412台中市大里區科技路1號8樓之2（台中軟體園區）
出版專線：（04）2496-5995　傳真：（04）2496-9901
401台中市東區和平街228巷44號（經銷部）
購書專線：（04）2220-8589　傳真：（04）2220-8505
專案主編　水邊
出版編印　林榮威、陳逸儒、黃麗穎、水邊、陳婕婷、李婕
設計創意　張禮南、何佳諠
經銷推廣　李莉吟、莊博亞、劉育姍、李如玉
經紀企劃　張輝潭、徐錦淳、廖書湘
行銷宣傳　黃姿虹、沈若瑜
營運管理　林金郎、曾千熏
印　　刷　基盛印刷工場
初版一刷　2022 年 3 月
定　　價　200 元